23. Dez. 1999

Liebe Helga, lieber Manfred,

Wir wünschen Euch viel Spaß
beim Zubereiten der leckeren Speisen,
und „Guten Appetit“!

Eure Ulrike + [illegible]

KULINARISCHE REISE

PROVENCE

und Côte d'Azur

◆

KULINARISCHE REISE

PROVENCE

und Côte d'Azur

Einleitung und Rezepte von
Serge Gouloumès
Küchenchef des Restaurants L'Étoile des Mers

und David Cherel
Chef pâtissier

Fotos von
Jean-Pierre Duval

Edition
ReiseArt®

Die Deutsche Bibliothek - CIP - Einheitsaufnahme
Kulinarische Reise, Provence und Côte d'Azur / Einl. und Rezepte von
Serge Gouloumés und David Cherel. Fotos von Jean-Pierre Duval.
[Hrsg.:Cecil Duval. Übers.: Anton Kovacic].
Erfurt ; München ; Osnabrück : ReiseArt ®, 1999
Einheitssacht.: Saveurs de France, Bretagne <dt.>
ISBN 3-933572-21-5

Originalausgabe: ISBN 2-908878-94-1
Romain Pages Éditions Sommières

Herausgeberin: Cécile Duval

Lithoherstellung Quo Media Suresnes

Graphik
Christophe Meier

Layout
Olivier Jourdan

Übersetzung: Anton Kovacic
Korrektur: Jutta Kovacic
Lektorat: Hans Westerhaus

Druck: Druckerei M. Wirth GmbH, Ziegeleistraße 4, 37627 Stadtoldendorf

Vertrieb und Auslieferung:DCE ReiseArt Dienstleistungs-Centrum Erfurt GmbH
Wilhelm-Wolff-Str.1 99099 Erfurt

Inhaltsverzeichniss

Einleitung
Seite 6

Vorspeisen
Seite 8

Fische
Seite 36

Fleisch
Seite 60

Desserts
Seite 72

Rezeptregister
Seite 96

Einleitung

Hier öffnen sich die weißen Sandstrände, wo es gut tut, ein Sonnenbad zu nehmen, ein Vorhaben, das ganze Völkerwanderungen auslöst.

Grüßen wir den Gott in dieser großartigen Natur!

Bewundern wir die Schönheit dieser Landschaften, die uns die Provence und der Süden Frankreichs bieten.

Von Arles bis Menton, über das Hinterland, über Gourdon, Saint-Paul-de-Vence, Vallauris, Biot, die Schluchten von Verdon, was wäre aus dieser Perle Frankreichs ohne den geworden, den niemand vergessen wird: Marcel Pagnol?

Von Aubagne über das Land der Zikaden bis zu den kleinen Buchten von Cassis entdecken wir den Thymian und Rosmarin wieder, die den Ziegenkäse begleiten.

Ich widme diese Rezepte unseren Großmüttern, die aus mir das gemacht haben, was ich heute bin: ein Koch von ganzem Herzen. Ein Mensch, der es liebt, die Früchte des Bodens und des Mittelmeeres miteinander zu verbinden, aber auch all diese kleinen Gemüsearten, die unsere Gärten um Nizza hervorbringen, dort, wo Zitrone, Apfelsine und Olivenöl den Reichtum unserer schönen Landschaft, des „Landes der Sonne“, ausmachen.

Serge Gouloumes

Théoule-sur-Mer.

GEBACKENE LANGUSTEN MIT WILDSALAT (TEMPURA DE LANGOUSTINE EN SALADE DE MESCLU

Dieses aus China stammende Rezept wird ihre Gäste mit seiner Leichtigkeit begeistern.

Zubereitungszeit : 40 Minuten
Garzeit : 15 Minuten

- *16 Langusten*
- *50 g Mehl*
- *5 g Kartoffelmehl*
- *5 g Backpulver*
- *1 neue Zwiebel*
- *12 Basilikumblätter*
- *12 Kirschtomaten*
- *1 Zitrone*
- *1 Eßlöffel Pistou*
- *2 Eßlöffel Olivenöl*
- *verschiedene Wildsalate*
- *1 Liter Fritieröl*
- *Salz, Pfeffer aus der Mühle*

Den Wildsalat waschen. Die Vinaigrette zubereiten, indem man Zitronensaft, Olivenöl, Salz und Pfeffer miteinander verrührt. 8 Basilikumblätter fritieren.

Den Ausbackteig (*Tempura*) zubereiten: mit einem Rührbesen 10 cl lauwarmes Wasser mit Mehl, Kartoffelmehl und Backpulver vermischen. Salzen, pfeffern und 4 feingehackte Basilikumblätter zufügen.

Köpfe und Schalen der Langusten abschneiden und entfernen.

In einer Friteuse das Öl auf 160°C erhitzen. Die Langusten durch die *Tempura* ziehen. 2 bis 3 Minuten fritieren, bis sie eine leichte Farbe annehmen. Auf Küchenpapier abtropfen. Die Zwiebel in Ringe schneiden und ebenso fritieren.

Auf jedem Teller angemachten Wildsalat, 4 Langusten, fritierte Zwiebeln, Basilikumblätter und 3 Kirschtomaten verteilen. Pfeffern.

Etwas *Pistou* (Würzpaste aus Basilikum, Knoblauch und Olivenöl) auf den Tellerrand geben.

Für 4 Personen.

LANGUSTEN MIT KREBSPÜREE
(POUPETON DE LANGOUSTINE AU COULIS DE CRUSTACÉS)

Obwohl etwas zeitaufwendig, ist dieses Rezept einfach und seine Präsentation erlesen.

Zubereitungszeit : 1 Stunde – Garzeit : 1 Stunde

- *4 schöne Gurkenblätter*
- *12 Langusten*
- *100 g Filet vom Drachenkopf (Skorpionfisch)*
- *20 cl flüssige Sahne*
- *1 Eiweiß*
- *das Weiße von einer Lauchstange*
- *1/3 Fenchelknolle*
- *20 g Butter*
- *Olivenöl*
- *Kerbel*
- *Salz, Pfeffer*

Krebscreme :

- *2 Schalotten*
- *1 Knoblauchzehe*
- *1/2 Weißes vom Lauch*
- *1/3 Fenchelknolle*
- *50 g Champignons*
- *2 Tomaten*
- *20 cl trockener Weißwein*
- *50 cl flüssige Sahne*
- *40 g Butter*
- *Salz, Pfeffer*

Die Schalen der Langusten entfernen und die Schwänze beiseite stellen. Die Köpfe und Karkassen sowie Schalotten, Knoblauch, Lauchweiß, Fenchel, Champignons und Tomaten pürieren und in Butter anbraten. Mit Weißwein ablöschen, auf 3/4 einkochen, dann die Sahne zufügen. Nochmals um die Hälfte reduzieren. Wieder pürieren und durch ein Sieb streichen, um die Krebscreme zu bekommen. Für die Füllung den Lauch und Fenchel fein hacken und in Butter sautieren. Beiseite stellen.

8 Langusten in etwas Öl leicht anbraten und in Viertel schneiden.

Das Fischfilet schnell pürieren. Langsam die Sahne und das Eiweiß zufügen, salzen und pfeffern. Die Masse muß relativ fest sein.

In einen großen Topf geben und mit der Lauch-Fenchel-Zubereitung sowie den in Viertel geschnittenen Langusten vermengen.

Die Gurkenblüten damit füllen und 7 Minuten im Dampf garen.

Auf heißen Tellern servieren: Zunächst die warme Krebscreme auf den Tellerboden gießen, dann die Gurkenblüten verteilen. Mit Kerbel garnieren und die restlichen Langusten dazulegen.

Für 4 Personen.

KRABBENPÜREE IM GURKENBLÜTENMANTEL (BRANDADE DE CRABE EN HABIT DE FLEUR DE COURGETTE)

Dieses Rezept ist allgemein bekannt, aber das nachfolgende ist eine Variante davon. In einen grünen und gelben Mantel gehüllt verdient dieses Gericht einen Preis für Schönheit.

Zubereitungszeit : 1 Stunde

Garzeit : 30 Minuten

- *1 gekochter Einsiedlerkrebs 1 kg*
- *200 g Kartoffeln*
- *4 Gurkenblüten*
- *20 cl Ölivenöl*
- *3 Knoblauchzehen*
- *1/2 Bund glatte Petersilie*
- *10 cl Sahne*
- *1 Eiweiß*
- *Cayennepfeffer*
- *Salz*

Ungeschälte Dampfkartoffeln kochen. Abpellen und mit der Gabel zerdrücken.

Das Fleisch aus dem Einsiedlerkrebs lösen und aus den Beinen pulen und nur das bleiche Fleisch aufbewahren.

In einer Sauteuse Olivenöl erhitzen, sehr fein gehackten Knoblauch und Petersilie sowie das Krebsfleisch zufügen. Alles auf die Kartoffeln geben und mit einem Spatel vermischen. Eiweiß zu Schnee schlagen. Sahne und Eischnee unterheben, salzen und pfeffern. Als Sauce eignet sich Krabben-Kräuter-Butter-Sauce oder Tomatenessenz mit Rosmarin.

Die Gurkenblüten mit der Kartoffel-Krebs-Mischung füllen.

Kurz vor dem Servieren 2 Minuten im Dampf erhitzen.

Für 4 Personen.

GEEISTE BLUMENKOHL-CREME UND HUMMER-TARTAR MIT STERNANIS (CRÈME DE CHOU-FLEUR GLACÉE, TARTARE DE HOMARD À LA BADIANE)

Dieses Rezept für geeiste Blumenkohl-Creme kann man auch mit Krabben oder Garnelen zubereiten. Doch bleibt der Hummer das Festessen.

Im voraus : 24 Stunden – Zubereitungszeit : 40 Minuten
Garzeit : 1 Stunde

- *1 Hummer*
- *1 kleiner Blumenkohl*
- *das Weiße einer Lauchstange*
- *1 Zwiebel*
- *30 cl Geflügelfond*
- *30 cl Sahne*
- *20 g Butter*
- *4 Tomaten*
- *2 Knoblauchzehen*
- *20 cl Olivenöl*
- *Sternanis und Sternanispulver*
- *Kerbel*

Das Lauchweiß waschen und in Stücke schneiden. Die Zwiebel hacken.

In der Butter die Lauchstücke und die Hälfte der Zwiebeln anbraten. Den Blumenkohl klein schneiden und zufügen.

Den Geflügelfond zugießen und 20 Minuten kochen. Alles pürieren, die Sahne zufügen, salzen, pfeffern und für 24 Stunden in den Kühlschrank stellen.

Die Tomatenkonfitüre zubereiten: Tomaten schälen, entkernen und in Würfel schneiden. In einer Sauteuse die restlichen Zwiebeln und die gehackten Knoblauchzehen anbraten, ohne daß sie Farbe annehmen, dann die Tomatenwürfel dazu tun und alles etwa 20 Minuten einkochen. Salzen und pfeffern.

Kurz vor dem Servieren den Hummer 7 Minuten pochieren. Auslösen und die Scheren der Länge nach durchschneiden sowie den Schwanz in 8 Medaillons schneiden.

In tiefe Teller die mit Sternanis gewürzte Tomatenkonfitüre und dann die Blumenkohl-Creme geben. Die Medaillons und die Hummerscheren verteilen und mit Kerbel garnieren.

Für 4 Personen.

KNUSPRIGE GAMBAS MIT INGWER (CROUSTILLANT DE GAMBAS AU GINGEMBRE)

Voilà, eine originelle Vorspeise. Der Geschmack der Gambas wird durch den Ingwer veredelt, ein in der Gastronomie viel zuwenig genutztes Gewürz.

Zubereitungszeit : 1 Stunde
Garzeit : 10 Minuten

- *4 Blätter Brick (Fertigprodukt, Eiweißteigplatten)*
- *16 schöne frische Gambas oder frische Garnelen aus dem Mittelmeer*
- *500 g Spinatblätter*
- *3 Zuccini (nur die Schale)*
- *1 gehackte Knoblauchzehe*
- *1 gehackte Schalotte*
- *20 g dünne Streifchen von Ingwer (3 mal blanchiert)*
- *Ingwerpulver*
- *Butter*

Krebscreme :

- *2 Schalotten*
- *1 Knoblauchzehe*
- *1/2 Weißes vom Lauch*
- *1/3 Fenchelknolle*
- *50 g Champignons*
- *2 Tomaten*
- *20 cl trockener Weißwein*
- *50 cl flüssige Sahne*
- *40 g Butter*
- *Salz, Pfeffer*

Die Gambas auslösen und die Schwänze beiseite stellen.

Aus den Köpfen und Rückenschildern eine Krebscreme zubereiten: mit Schalotten, Knoblauch, Lauchweiß, Fenchel, Champignons und Tomaten pürieren und in Butter anbraten. Mit dem Weißwein ablöschen, auf 3/4 reduzieren und dann die Sahne zufügen. Um die Hälfte einkochen. Wieder pürieren und durch ein Sieb streichen. Aufbewahren.

Aus den Gurkenschalen eine Art Spaghetti machen.

In einer Sauteuse in Butter den Kno-

blauch, die zerkleinerten Gambasschwänze, die Schalotten, den Ingwer, die Spaghetti aus den Gurkenschalen und die Spinatblätter anschwitzen. Salzen und pfeffern.

Die *Brick* -Blätter ausbreiten und mit einem Pinsel mit der geklärten Butter bestreichen, dann jedes Blatt mit etwas von der Zubereitung füllen und mit Hilfe eines Zahnstochers schließen.

Im Ofen, Thermostat 5 (150°C), 5 bis 6 Minuten garen (die *Brick* -Blätter dürfen nicht zu dunkel werden).

Die heiße Krebscreme auf die Tellerböden gießen, die gefüllten Blätter dazulegen.

Für 4 Personen.

SARDINENKRAPFEN (BEIGNETS DE SARDINE)

Dieses Rezept wird Ihnen die Wärme der provencalischen Küche nahe bringen.

Zubereitungszeit : 40 Minuten
Garzeit : 10 Minuten

- *12 Sardinen*
- *Petersilie*
- *Saft einer halben Zitrone*
- *1 Zitrone*
- *100 g Mehl*
- *4 ganze Eier*
- *1 Knoblauchzehe*
- *1/2 Liter Olivenöl*
- *Mayonnaise mit Pistou oder Aioli (Olivenöl mit zerstoßenem Knoblauch)*

Das Mehl mit Wasser anrühren und mit den geschlagenen Eiern vermischen, um einen fast flüssigen Teig zu bekommen.

Salzen und pfeffern. Den Zitronensaft und die fein gehackte Knoblauchzehe zufügen.

Die Sardinenköpfe abschneiden, die Fische ausnehmen und die Gräten entfernen. Waschen.

In den Teig tauchen, darauf achten, daß sie vollständig benetzt sind. In eine Pfanne 3 cm hoch Olivenöl geben und erhitzen. Vorsichtig die Sardinen hineingeben. Wenn sie eine schöne Farbe angenommen haben, sind die Sardinenbeignets fertig.

Mit einer Mayonnaise, mit *Pistou* oder *Aioli* angemacht, und mit Zitronenvierteln servieren.

Für 4 Personen.

ZWIEBELPIZZA MIT SARDELLEN (PISSALADIERE AUX ANCHOIS DE COLLIOURE)

Dieses Rezept mit frischen Sardellen und einem Wildsalat mit Olivenöl extravergine ist ein wahres Geschenk.

Zubereitungszeit : 30 Minuten
Ruhezeit : 1 Stunde
Garzeit: 35 Minuten

- *250 g Weißbrotteig*
- *1,5 kg Zwiebeln*
- *2 Knoblauchzehen*
- *30 g schwarze Nizza-Oliven*
- *15 bis 20 frische Sardellenfilets*
- *1 Bouquet garni*
- *3 Eßlöffel Olivenöl*
- *Salz*
- *Pfeffer*

Die Zwiebeln kleinschneiden. Leicht salzen und auf kleiner Flamme in einem Topf mit 3 Eßlöffeln Olivenöl, den zerstoßenen Knoblauchzehen und dem *Bouquet garni* schmelzen. Die Zwiebeln sollen dabei keine Farbe annehmen.

Den Brotteig 1,5 cm dick ausrollen. Auf ein Ofenblech legen und an einem warmen Ort auf das doppelte Volumen gehen lassen.

10 Minuten im Ofen, Thermostat 6 (180°C), vorbacken.

Das *Bouquet garni* entfernen und die Zwiebeln auf dem Teig verteilen. Die Oliven verstreuen und die Sardellen (Anchovis) auslegen. Mit Olivenöl beträufeln.

15 Minuten im heißen Ofen, Thermostat 7 (210°C), backen.

Pfeffern. Heiß, kalt oder lauwarm servieren.

Für 5 Personen.

MIESMUSCHELPFANNE MIT PFIFFERLINGSAFT (POELÉE DE MOULES AU JUS DE CHANTERELLES)

Dieses außergewöhnliche Gericht verbindet den Geschmack der Muscheln mit der Frische des Waldes.

Zubereitungszeit : 1 Stunde
Garzeit : 40 Minuten

- *1/2 Liter Miesmuscheln von der Austernbank*
- *200 g frische Pfifferlinge*
- *20 cl Weißwein*
- *20 cl Sahne*
- *1 Messerspitze Safran*
- *Geflügelfond*
- *Kerbel*
- *1 Schalotte*
- *60 g Butter*

Die Miesmuscheln reinigen und ruhen lassen, damit sie ihr Wasser abgeben.

Mit Gewürzen und Weißwein dämpfen. Den Schmorsaft abnehmen und um die Hälfte reduzieren. Die Sahne zufügen und noch einmal etwas reduzieren. Safran dazu geben.

Die Miesmuscheln auslösen.

Die Pfifferlinge putzen und mit gehackten Schalotten in Butter sautieren. Herausnehmen. Die Pfanne mit dem Geflügelfond ablöschen. Salzen, pfeffern und mit der Butter zu einer cremigen Sauce aufschlagen.

In tiefen, heißen Tellern servieren: die Miesmuscheln am Rand verteilen, die Pfifferlinge in der Mitte, und die beiden Saucen entsprechend darüber gießen.

Mit Kerbel dekorieren.

Für 4 Personen.

SPINDELNUDELN IN FRIKASSEE AUS TINTENFISCHEN (FUSILLI EN FRICASSÉE DE SUPIONS À LA NIÇOISE)

Dieses italienisch gefärbte Rezept führt uns die Qualität der großen Nudelgerichte vor Augen, die in ganz Italien hohes Ansehen genießen.

Zubereitungszeit : 1 Stunde – Garzeit : 25 Minuten

- *150 g frischgemachte Spindelnudeln (fusilli)*
- *300 g Tintenfische*
- *1 Zwiebel*
- *2 Knoblauchzehen*
- *2 Zucchini*
- *1/2 rote Paprikaschote*
- *1/2 grüne Paprikaschote*
- *1 Bund Basilikum*
- *100 g Blutwurz in Öl*
- *6 Eßlöffel Olivenöl*
- *2 Zitronen*
- *Salz, Pfeffer*

Zwiebel und Knoblauch schälen. Die Zwiebel in kleine Würfel schneiden und den Knoblauch feinhacken. Die Tintenfische putzen und dabei sorgfältig das Maul und die Tinte entfernen. Gut abtrocknen.

Die Paprikaschoten entkernen und in Würfeln von 1 cm Seitenlänge schneiden. Die Zucchini der Länge nach in 1/2 cm dicke Scheiben schneiden und zusammen mit den Paprikaschoten in Olivenöl anbraten. Beiseite stellen.

Die frischgemachten Nudeln kochen.

Die Tintenfische mit Knoblauch und Zwiebeln in 2 Eßlöffeln sehr heißem Olivenöl einige Minuten braten. Die Basilikumblätter hacken (ein Dutzend für die Dekoration übrig lassen). Wenn die Nudeln gekocht sind, abtropfen und abkühlen lassen.

In einer Salatschüssel die Nudeln, die Tintenfische, den Blutwurz, 3/4 der Zucchinistreifen, Zitronensaft, das restliche Olivenöl, Salz, Pfeffer und gehacktes Basilikum vermischen.

Die Nudeln in der Mitte des Tellers mit einigen Zitronenscheiben darum präsentieren. Mit den restlichen Gurkenstreifen und einigen Basilikumblättern dekorieren.

Für 4 Personen.

TERRINE MIT SEEBARBE AN PISTOU UND TAPENADE (TERRINE DE ROUGET AU PISTOU ET TAPENADE)

Dieses Rezept setzt zwei in der provencalischen Küche vielfach verwendete Zutaten in Szene: *Pistou* und *Tapenade*, die man als Vorspeise auch auf geröstete Brotscheiben gestrichen anbieten kann.

Im voraus : 24 Stunden – Zubereitungszeit : 35 Minuten
Garzeit : 10 Minuten

- *500 g Seebarbenfilet*
- *50 cl Fischsuppe oder Fischfond*
- *Tapenade, Pistou*
- *4 Blatt Gelatine*
- *1 Schälchen Kirschtomaten*
- *1 rote Paprikaschote*
- *Thymian*
- *Olivenöl*
- *15 Basilikumblätter*
- *3 Knoblauchzehen*
- *6 Teelöffel geriebener Parmesan*
- *3 Eßlöffel Olivenöl*
- *Salz, Pfeffer*

In einer Pfanne die Fischfilets in sehr heißem Öl auf beiden Seiten braten. Das *Pistou* zubereiten, indem man Basilikum, Knoblauch, Parmesan und Olivenöl püriert, man kann es aber auch fertig kaufen.

In einer mit Folie ausgelegten Terrine eine Schicht Seebarben nebeneinander mit der Haut nach unten legen. Mit einem Pinsel eine Schicht *Tapenade* auftragen, danach wieder eine Schicht Seebarben und dann das *Pistou* darauf verteilen. Das so lange wiederholen, bis die Terrine gefüllt ist. Die Fischsuppe erhitzen und durch ein Sieb geben, damit man einen flüssigeren Saft bekommt. 1/4 Liter abmessen, 4 Gelatineblätter, die man vorher in kaltem Wasser eingeweicht hat, zufügen. Sorgfältig mischen, kalt werden lassen und in die Terrine gießen.

Mit der überstehenden Folie abdecken. 24 Stunden kaltstellen.

Die Fischterrine aus der Form nehmen und in 1 cm dicke Scheiben schneiden. Auf jeden Teller Kirschtomaten, in Streifen geschnittene rote Paprikaschoten, einen kleinen Thymianzweig und einen Löffel mit *Pistou* verrührtes Olivenöl geben.

Für 8 Personen.

MARINIERTE SEEBARBEN UND MIESMUSCHELN (ESCABÈCHE DE ROUGETS DE ROCHES AUX MOULES EN COQUILLES)

Dieses Gericht ist relativ schnell zubereitet und eine originelle Art, Miesmuscheln und Seebarben zu vereinigen.

Im voraus : 24 Stunden – Zubereitungszeit : 30 Minuten
Garzeit : 30 Minuten

- *8 Seebarbenfilets*
- *1/4 Liter Miesmuscheln von der Austernbank*
- *2 Karotten*
- *1/2 Fenchelknolle*
- *1 Zwiebel*
- *1 Knoblauchzehe*
- *1/4 Liter trockener Weißwein*
- *frischer Thymian*
- *Lorbeer*
- *Olivenöl*
- *Kerbel*
- *Salz, Pfeffer*

Karotten schälen. Zwiebel, Knoblauch und Fenchel kleinschneiden. Karotten mit einem Zackenrand versehen und scheibeln.

Leicht in Olivenöl anbraten. Mit Weißwein ablöschen, Thymian und Lorbeer zufügen und langsam erhitzen.

Die Miesmuscheln putzen. In einen großen Topf legen und dämpfen, damit sie sich öffnen. Den Kochsaft auffangen, filtern und zu der ersten Zubereitung geben.

Um die Hälfte reduzieren. Salzen und pfeffern. Abkühlen lassen.

Die obere Muschelhälfte entfernen und die Muscheln in eine tiefe Platte legen.

Die Seebarben in der Pfanne mit etwas Olivenöl ca. 30 Sekunden braten. Zu den Miesmuscheln legen, die Marinade darüber gießen und im Kühlschrank 24 Stunden aufbewahren.

Auf jeden Teller etwas Marinade, 4 Seebarbenfilets und die Miesmuscheln geben. Pfeffern und mit dem Kerbel bestreuen.

Für 4 Personen.

KARTOFFELN MIT MORCHELN (POMMES DE TERRE RATTES AUX MORILLES)

Kartoffeln sind wenig oder schlecht genutztes Gemüse. Wenn sie mit Morcheln zubereitet werden, wird ihr Geschmak einmalig.

Zubereitungszeit : 25 Minuten
Garzeit : 50 Minuten

- *300 g Kartoffeln*
- *30 g fein geschnittene Speckstreifen*
- *1 dünn geschnittenes Lauchweiß*
- *120 g frische (oder 60g trockene) Morcheln*
- *20 g Butter*
- *10 cl Portwein*
- *30 cl Sahne*
- *10 cl Weißwein*
- *Salz, Pfeffer*

Die Kartoffeln in Salzwasser kochen. Abtropfen und kalt werden lassen.

Abpellen und in 1/2 cm dicke Scheiben schneiden.

Die Morcheln in einer Sauteuse in Butter braten, bis der Saft verdampft ist. Mit Weißwein ablöschen und langsam wieder erhitzen, bis die Flüssigkeit verdampft ist.

10 cl Portwein zugießen und um die Hälfte reduzieren.

20 cl Sahne zufügen und noch etwas reduzieren lassen. Beiseite stellen.

Die Speckstreifen blanchieren.

Die Kartoffeln mit dem Lauch und den Speckstreifen sautieren, salzen und pfeffern.

Alles abtropfen, um überflüssiges Fett zu entfernen.

Die Morcheln nachwürzen, den Rest der Sahne zufügen und aufkochen.

In tiefen Tellern servieren. Die Kartoffeln in Form einer Haube anrichten, die Morcheln am Rand verteilen und die Sauce darübergießen.

Für 4 Personen.

GEFÜLLTES GEMÜSE AUF NIZZA-ART (PETITS FARCIS DU PAYS DE NICE)

Man kann dieses Rezept auch variieren und andere Gemüsearten wie Zucchini, Tomaten oder Auberginen füllen. Den ausgeschnittenen Gemüseanteil für die Füllung mitverwenden und eventuell Knoblauch und Sardellenfilets zufügen.

Zubnereitungszeit : 40 Minuten
Garzeit : 1 Stunde

- *4 Zwiebeln*
- *30 g mageren Speck oder Schinken*
- *30 g Reis*
- *50 g geriebener Parmesan*
- *1 Ei*
- *abgeriebene Brotkruste*
- *Olivenöl*
- *Salz, Pfeffer*

Die Zwiebeln schälen und quer in zwei Hälften durchschneiden. 10 Minuten im sprudelnden Wasser blanchieren.

Abtropfen und aushöhlen, nur die zwei dicken äußeren Schalen, die man füllen wird, behalten. Den Rest beiseite legen.

Den Reis etwa 20 Minuten in reichlich Wasser kochen. Abtropfen und in eine Terrine geben. Das ausgelöste Zwiebelinnere hacken, den Speck fein würfeln. Mit Parmesan und verschlagenem Ei zum Reis geben und alles vermengen. Abschmecken.

Diese Füllung in die Zwiebeln geben und auf eine eingeölte feuerfeste Platte setzen. Mit abgeriebener Brotkruste bestreuen, mit etwas Olivenöl die gefüllten Zwiebeln benetzen und 30 Minuten im Ofen bei Thermostat 5 (150°C) backen.

Heiß, als Beilage zu Fleisch, oder im Sommer kalt servieren.

Für 6 Personen.

FONDUE NIÇOISE MIT GEMÜSE DER JAHRESZEIT (FONDUE NIÇOISE AUX LÉGUMES DE SAISON)

Dieses Rezept ist typisch für die Gegend um Nizza, einfach zu realisieren und für Gesellschaftsessen sehr geeignet. Man kann dieses Sommergericht mit *Tapenade* oder *Pistou* anreichern.

Zubereitungszeit : 40 Minuten
Garzeit: 1 Minute

- *Rettich*
- *zarte Herzen vom Staudensellerie*
- *in Viertel geschnittene Artischocken*
- *Broccoliröschen*
- *Blumenkohlröschen*
- *Blätter von römischem Salat*
- *junge Karotten*
- *Champignons*
- *in Viertel geschnittene Chicoréeherzen*
- *Fenchel*
- *6 Sardellenfilets*
- *4 Teelöffel Brotkrumen*
- *Milch*
- *2 Knoblauchzehen*
- *1/2 Liter Olivenöl*

Das Gemüse waschen und eventuell zerpflücken.

In einem Fonduetopf 6 Sardellenfilets und die Knoblauchzehen zerdrücken und mit 4 Teelöffeln in Milch eingeweichter Brotkrume vermischen. Das Olivenöl dazu gießen.

Erhitzen und darauf achten, dass das Öl nie raucht.

Mit Hilfe der Fonduegabeln das Gemüse ins Öl halten.

Das Öl öfters umrühren, um den Geschmack der Sardellen und des Knoblauchs gut zur Geltung zu bringen.

Für 4 Personen.

FARFALLE MIT PISTOU UND ZIEGENKÄSE (FARFALLES AU PISTOU, LARDONS DE CHÈVRE CHAUD)

Die Mischung von Ziegenkäse und Olivenöl ist im Sommer sehr angenehm. Dieses Gericht wird Ihrem Buffet eine besondere Note geben.

Zubereitungszeit : 30 Minuten
Garzeit : 20 Minuten

- *150 g Nudeln (farfalle)*
- *16 eingelegte Tomaten*
- *50 g geröstete Weißbrotwürfel (Croutons)*
- *200 g Ziegenkäse (bûche de chèvre)*
- *1 Bund Basilikum*
- *40 g Pinienkerne*
- *1 Knoblauchzehe*
- *schwarze Nizza-Oliven*
- *12 Scheiben luftgetrockneter Bauchspeck mit Pfeffer (panceta au poivre)*
- *10 cl Olivenöl*
- *Salz*
- *Pfeffer*

Die Nudeln 10 bis 15 Minuten kochen. Abschrecken und beiseite stellen.

Die Vinaigrette aus Basilikum zubereiten: Das Basilikum (einige Blätter für die Dekoration aufbewahren) mit Pinienkernen, Knoblauch, Olivenöl und Salz pürieren. Den Ziegenkäse erst in Scheiben, dann in Streifen von 1 cm Länge schneiden. Mit einem Eßlöffel Olivenöl in eine feuerfeste Form geben und unter dem Grill leicht bräunen.

Kurz vor dem Servieren die Nudeln mit Vinaigrette, *Croutons*, Oliven und eingemachten, in Scheiben geschnittenen Tomaten vermischen. Den Bauchspeck leicht erwärmen.

Auf jedem Teller die Nudeln in der Mitte anrichten. 3 Scheiben Bauchspeck und den gegrillten Ziegenkäse darauf verteilen. Mit Basilikumblättern garnieren und Pfeffer darüber mahlen.

Für 4 Personen.

STOPFLEBER MIT COGNAC (TATIN DE FOIE GRAS AU JUS DE COGNAC)

Dieses Rezept bringt mich zu meinem Ursprung zurück: zur Erde und Landschaft des Südwestens.

Zubereitungszeit : 30 Minuten – Garzeit : 20 Minuten

- *300 g rohe Stopfleber*
- *6 Äpfel (Golden Delicious)*
- *100 g Butter*
- *80 g Zucker*
- *10 cl Portweinsauce*
- *2 cl Cognac*
- *Salz*
- *Pfeffer*
- *100 g süßer Auslegteig*

Äpfel schälen, in Viertel schneiden und die Kerngehäuse entfernen.

In kleinen Kuchenformen, möglichst antihaftbeschichtet, insgesamt 15 g Butter und 20 g Zucker zerlassen.

Die Äpfel auf diesen Karamel legen. 10 Minuten im Ofen, Thermostat 5 (150°C), vorgaren und beiseite stellen.

Die Stopfleber in vier dicke Scheiben schneiden. Salzen und pfeffern.

Die Scheiben in einer sehr heißen Pfanne auf beiden Seiten braten, dann auf Küchenpapier zum Abtropfen legen. Die Pfanne entfetten und mit Cognac und Portwein ablöschen.

Den Teig 3 mm dick ausrollen. Auf den Durchmesser der Kuchenformen schneiden und mit der Gabel leicht einstechen. Die Leberscheiben auf die Äpfel legen und mit dem Teig bedecken. 10 Minuten im Ofen, Thermostat 7 (210°C), garen.

Aus der Form nehmen und jedes Törtchen auf einem flachen Teller anrichten. Die Sauce leicht erwärmen und mit Butter aufschlagen.

Die Sauce um jedes Törtchen gießen und mit etwasPfeffer bestreuen.

Für 4 Personen.

CARPACCIO MIT THUNFISCH, FRÜHLINGSZWIEBELN UND KOKOSNUSS (CARPACCIO DE THON AUX CÉBETTES ET NOIX DE COCO)

Der Bonito ist der Thunfisch der Küsten im Süden, mit einem roten, sehr schmackhaften Fleisch. Heiß kann man ihn gut mit eingemachten Paprikaschoten servieren.

Zubereitungszeit : 15 Minuten

Marinade : 1 Stunde

- *300 g Filet von Thunfisch oder Bonito*
- *15 Basilikumblätter*
- *3 Frühlingszwiebeln*
- *1 Limone*
- *3 cl Sesamöl*
- *5 cl Olivenöl*
- *1/2 Eßlöffel Ingwerpulver*
- *1 Eßlöffel geriebene Kokosnuß*
- *Salz*
- *Pfeffer aus der Mühle*

Die Fischfilets im Tiefkühlfach anfrieren lassen. So kann man sie leichter in sehr dünne Scheiben schneiden.

Die Scheiben in eine tiefe Schüssel legen, salzen, pfeffern, mit Sesamöl, Olivenöl und dem Limonensaft beträufeln und mit Ingwerpulver bestreuen. Mit einer Folie bedecken und für eine Stunde zum Marinieren in den Kühlschank stellen.

Die Thunfischscheiben auf flachen Tellern leicht überlappend anrichten.

Die Marinade nachwürzen. 7 gehackte Basilikumblätter sowie die kleingeschnittenen Frühlingszwiebeln zufügen. Die Sauce mit einer Gabel aufschlagen und auf die Teller verteilen. Leicht mit Kokosraspeln bestreuen. Mit den restlichen Basilikumblättern garnieren.

Für 4 Personen.

KABELJAU MIT TOMATEN-BASILIKUM-KONFITÜRE (CŒUR DE CABILLAUD EN CONFITURE DE TOMATES AU BASILIC)

Dieses Rezept ist einfach und relativ schnell zuzubereiten, wenn die Tomatenkonfitüre schon vorbereitet ist. Zögern Sie nicht, sie in großen Mengen vorzubereiten, weil sie auch kalt auf französischem Landbrot mit Knoblauch, Basilikum oder einem Stück Anchovis gut schmeckt.

Zubereitungszeit : 45 Minuten
Garzeit : 30 Minuten

- *700 g Kabeljau, ziegelförmig zurechtgeschnitten*
- *8 Tomaten*
- *1 Zwiebel*
- *3 Knoblauchzehen*
- *50 g Oliven*
- *20 cl Olivenöl*
- *Salz, Pfeffer*
- *1 Bund Basilikum*

Die Tomaten schälen, entkernen und in Würfel schneiden.

In einer Sauteuse die gehackte Zwiebel und die Knoblauchzehen anbraten, ohne sie Farbe annehmen zu lassen, dann die Tomatenwürfel zufügen und bis zum vollständigen Verdampfen des Wassers reduzieren.

Die in dünne Streifen geschnittenen Oliven zufügen, salzen und pfeffern.

Inzwischen die Kabeljaustücke in einer Pfanne ca. 2 Minuten braten und auf einer feuerfesten Platte anrichten.

Auf jedes Stück Tomatenkonfitüre geben und 6 Minuten im Ofen, Thermostat 6 (180°C), garen.

Kurz vor dem Servieren die Kabeljaustücke in die Mitte des Tellers legen. Das Olivenöl lauwarm werden lassen, gehacktes Basilikum zufügen und einige Sekunden ziehen lassen. Am Tellerrand verteilen.

Für 4 Personen.

FILET VON PETERMÄNNCHEN MIT GEGRILLTEN KARTOFFELN, THYMIAN UND VINAIGRETTE MIT TRÜFFELN (DOS DE SAINT-PIERRE AUX POMMES DE TERRE GRILLÉES AU THYM, VINAIGRETTE DE TRUFFE)

Der Trüffel, der noble weiße oder schwarze Pilz, aber auch als Sommerpilz, veredelt den Wildsalat. Sie können dieses Gericht auch mit Kartoffelsalat, angemacht mit Olivenöl und dem Salz von Guérande, reichen.

Zubereitungszeit : 30 Minuten
Garzeit : 40 Minuten

- *700 g Filet von Petermännchen*
- *3 neue Kartoffeln*
- *1 Bund frischer Thymian*
- *30 cl Olivenöl extra vergine*
- *30 g Trüffeln*
- *2 Schalotten*
- *20 g Butter*
- *10 cl Balsamessig*
- *1 Eßlöffel Portwein*
- *Haselnußöl*
- *100 g Wildsalat*
- *Salz, Pfeffer*

Die Kartoffeln schälen und waschen und in 1/2 cm dicke Scheiben schneiden. Mit Salz, Pfeffer, frischem Thymian und etwas Olivenöl vermengen und auf einer Seite, in der Pfanne oder im Ofen, Thermostat 5 (150°C), 5 bis 6 Minuten rösten.

Die Schalotten hacken und in der Butter anschwitzen. Mit dem Essig ablöschen und komplett reduzieren lassen.

12 sehr feine Trüffelscheiben schneiden und den Rest in feine Streifen schneiden.

In einem Topf die Trüffelscheiben sowie die Trüffeljulienne, die Schalotten, den Portwein und das Olivenöl lauwarm werden lassen. Salzen, pfeffern und beiseite stellen.

Die Fischfilets in der Pfanne etwa 5 bis 6 Minuten garen.

Den Fisch mit dem mit Haselnußöl angemachten Wildsalat, 4 Scheiben Kartoffeln und 3 Scheiben Trüffeln servieren. Die Sauce an den Rand des Tellers gießen.

Für 4 Personen.

STREIFEN VOM DRACHENKOPF MIT FENCHELBUTTER (AIGUILLETTE DE RASCASSE AU BEURRE DE FENOUIL)

Fenchel, Anis und Sternanis sind die Hauptgewürze der Provence: zur Stunde des Aperitivs als *Pastis* oder eingelegter Fenchel als Salat.

Zubereitungszeit : 30 Minuten
Garzeit : 40 Minuten

- *700 g Fischfilet Drachenkopf (Skorpionsfisch)*
- *1 frische Fenchelknolle*
- *2 Eßlöffel Fenchelsamen*
- *2 Schalotten*
- *20 cl Weißwein*
- *30 cl Geflügelfond*
- *Saft einer Zitrone*
- *100 g Butter*
- *4 Kerbelzweige*
- *Olivenöl*
- *Salz, Pfeffer*

Die Schalotten und die Fenchelknolle schälen und kleinschneiden. In Butter mit Fenchelsamen anschwitzen. Mit dem Weißwein ablöschen und um die Hälfte reduzieren. Den Geflügelfond zufügen und wieder reduzieren.

Pürieren und durch ein Sieb streichen, dann mit Butter aufschlagen. Salzen und pfeffern, Zitronensaft zufügen und beiseitestellen.

Die Fischfilets mit etwas Olivenöl in einer Pfanne 6 Minuten braten.

Mit der Fenchelsauce auf dem Tellerboden anrichten. Mit Kerbel garnieren.

Dieses Gericht ist exzellent mit *bayaldi* oder *tian* (Zwiebeln, Tomaten, Gurken und Auberginen, in Schichten angerichtet und im Ofen gegart).

Für 4 Personen.

GEGRILLTE GOLDBRASSE MIT FENCHEL (DORADE GRILLÉE AU FENOUIL)

Wenn Sie Ihre Gäste beeindrucken möchten, können Sie die Goldbrassen im letzten Moment mit etwas Anisschnaps (*Pastis*) flambieren.

Zubereitungszeit : 40 Minuten
Garzeit : 50 Minuten

- *4 Goldbrassen von je 400 g*
- *2 Päckchen getrocknete Fenchelzweige*
- *2 schöne, neue Kartoffeln*
- *2 Fenchelknollen*
- *12 Stangen Spargel*
- *1 Bund Basilikum*
- *20 cl Weißwein*
- *80 g Butter*
- *2 Zitronen*
- *20 cl Olivenöl*

Die Goldbrassen ausnehmen, abschuppen und säubern. Salzen und pfeffern. In die Bauchhöhle Fenchel geben. Die beiden Seiten der Fische einölen und beiseite stellen.

Das Gemüse zubereiten: Die Kartoffeln in Scheiben schneiden und in etwas Öl anbraten. Spargel und Fenchel 10 Minuten in sprudelndem Wasser mit einem Löffel Butter kochen.

Für die Sauce den Weißwein bei schwacher Flamme etwa 5 Minuten reduzieren. Nach und nach die Butter, den Zitronensaft, Salz, Pfeffer und gehacktes Basilikum zufügen, dabei ständig mit einem Schneebesen umrühren.

Die Goldbrassen 20 bis 30 Minuten unter dem Grill garen.

Den Fisch mit den Gemüsen servieren. Die Sauce extra dazu reichen.

Für 4 Personen.

GEBRATENES SEEWOLFFILET NACH BORDEAUX-ART UND MIT STEINPILZEN GEFÜLLTE KARTOFFELN (DOS DE LOUP RÔTI BORDELAISE, POMMES DE TERRE RATTES FARCIES AUX CÈPES)

Servieren Sie dieses Gericht mit einem guten Bordeaux. Die Freude Ihrer Gäste wird groß sein.

Zubereitungszeit : 1 Stunde
Garzeit : 1 Stunde

- *4 Seewolffilets von ca. 150 g*
- *8 schöne Kartoffeln*
- *200 g Steinplize*
- *4 Schalotten*
- *2 Knoblauchzehen*
- *1 Eßlöffel glatte Petersilie*
- *60 g Butter*
- *10 cl Olivenöl*
- *30 cl Rotwein (Bordeaux)*
- *1/2 Teelöffel gestoßener Pfeffer*
- *frischer Thymian*
- *1 Lorbeerblatt*
- *20 cl Kalbsfond*
- *1 Schuß Cognac*

Die Bordeaux-Sauce zubereiten: 2 Schalotten mit Butter anschwitzen, Pfeffer, frischen Thymian, Lorbeerblatt und Wein zufügen und auf 3/4 reduzieren.

Den Kalbsfond dazugeben und um die Hälfte reduzieren. Beiseite stellen.

Die Kartoffeln 10 bis 15 Minuten in Salzwasser kochen.

Der Länge nach durchschneiden. Das Innere aushöhlen und aufbewahren, weil es noch mit den Steinpilzen vermischt wird.

4 Pilzköpfe aussuchen und den Rest in Würfel von 1 cm schneiden.

Die klein geschnittenen Knoblauchzehen in Olivenöl anbraten. Die Pilzwürfel sowie die Pilzköpfe zufügen. Wenn sie gut Farbe angenommen haben, die restlichen

gehackten Schalotten, Petersilie, Salz und Pfeffer dazu tun. Die Kartoffelpulpe zufügen.

Die Kartoffelhälften mit der Mischung füllen. Auf jede ein Flöckchen Butter geben.

Kurz vor dem Servieren die Kartoffeln 5 Minuten im Ofen, Thermostat 5 (150°C), heißmachen.

Die Sauce aufwärmen, mit 30 g Butter, einem Schuß Cognac, Salz und etwas gehackter Petersilie verfeinern.

Die Seewolffilets 2 bis 3 Minuten auf beiden Seiten in der Pfanne braten.

Für 4 Personen.

SEEBARBENFILETS MIT TAPENADEN-CROUTONS (FILETS DE ROUGETS DE ROCHE, CROUTONS À LA TAPENADE)

Die Seebarbe ist ein Fisch mit einem besonderen Geschmack. Man kann die Leber dieser Fische verwenden, indem man sie mit Butter aufschlägt. So holen Sie sich den Geschmack des Meeres auf Ihren Teller!

Zubereitungszeit : 50 Minuten
Garzeit : 10 Minuten

- *16 Seebarbenfilets*
- *500 g frische Saubohnen*
- *20 cl Olivenöl*
- *2 Stengel Rosmarin*
- *40 g Butter*
- *8 Scheiben Baguette*
- *Tapenade*
- *grobes Salz von Guérande*

Die Saubohnen enthülsen. Für 30 Sekunden in kochendes Wasser werfen. Abtropfen und im Eiswasser abkühlen. Die Haut abziehen.

In 10 cl Wasser mit 20 g Butter, etwas Olivenöl, frischem Rosmarin, Salz und Pfeffer warm machen.

Die Baguettescheiben grillen und mit *Tapenade* bestreichen.

Die Seebarbenfilets mit der Hautseite nach unten in der Pfanne in Olivenöl braten.

Die Seebarben mit Saubohnen, 2 Croûtons pro Teller, 3 Löffel Schmorflüssigkeit und etwas grobem Meersalz servieren.

Für 4 Personen.

◆

GEBRATENE LOTTEMEDAILLONS MIT FRISCHEN NUDELN UND ZITRONENKONFITÜRE (MÉDAILLONS DE LOTTE POÊLÉS AUX PÂTES FRAÎCHES ET AU CITRON CONFIT)

Die Zitrone ist ein wichtiger Bestandteil der provencalischen Küche. Häufig dient sie zur Verbesserung des Geschmacks: dafür reichen schon einige Tropfen aus.

Zubereitungszeit : 50 Minuten
Garzeit : 50 Minuten

- *700 g Lottefilet*
- *200 g frische Nudeln*
- *2 unbehandelte Zitronen*
- *100 g Zucker*
- *2 Schalotten*
- *15 cl Kalbsjus*
- *1 Eßlöffel Honig*
- *10 cl Sahne*
- *50 g Butter*
- *Salz, Pfeffer*

Die Zitronenschale mit einem Spargelschäler dünn abschälen und in feine Streifen schneiden. Zweimal blanchieren, indem man sie in kaltes Wasser gibt und es zum Kochen bringt

Den Zucker mit 1/4Liter Wasser verrühren, die Zitronenstreifen zufügen und 15 Minuten kochen.

Die Schalotten einkerben und in Butter schwitzen. 1 Eßlöffel Honig zufügen und leicht garen. Mit dem Saft einer Zitrone ablöschen. Leicht reduzieren lassen und den Kalbsjus, Salz und Pfeffer zugeben.

Die frischen Nudeln kochen.

Die Lottefilets auf beiden Seiten etwa 6 Minuten braten, dann in Scheiben schneiden.

Zu den Nudeln die frische, warme Sahne sowie die Hälfte der vorher abgetropften Zitronenschalen geben. Salzen und pfeffern.

Für 4 Personen.

BARSCHFILET MIT PARMESANKRUSTE (DOS DE SAR ROYAL EN CROÛTE DE PARMESAN)

Man kann Parmesan auch gehobelt verwenden, um einen Salat schmackhafter zu machen oder ein Risotto zu binden. Hier wird er mit Brot und anderen Zutaten gemischt und gibt dem Seebarsch (*sar royal*) einen besonderen Geschmack.

Zubereitungszeit : 40 Minuten
Garzeit: 15 Minuten

- *4 Barschfilets (sar royal) von 160 bis 180 g*
- *50 g geriebener Parmesan*
- *4 Scheiben altbackenes Brot*
- *50 g Sahne*
- *1 Eigelb*
- *4 Tomaten, 1/2 Zwiebel*
- *4 Knoblauchzehen*
- *20 cl Weißwein*
- *2 Eßlöffel Pistou*
- *40 g Butter*
- *10 cl Olivenöl*
- *Salz, Pfeffer*

Die Zwiebel und den kleingeschnittenen Knoblauch in Olivenöl anschwitzen. Die in Stücke geschnittenen Tomaten zufügen und einige Augenblicke schmoren.

Mit dem Weißwein und 25 cl Wasser übergießen. Auf 3/4 reduzieren lassen. Durch ein Sieb streichen und beiseitestellen.

Parmesan und Brot miteinander pürieren, dann Sahne, Eigelb und Pfeffer dazugeben.

Die Filets in der Pfanne halbgar braten, dann mit der Haut nach unten in eine feuerfeste Form legen.

Mit der Parmesan-Brot-Mischung bedecken.

Kurz vor dem Servieren die Filets auf mittlerer Schiene unter den Grill geben. Der Fisch muß gar und der Parmesan leicht gefärbt sein.

Die Sauce erwärmen. Die Butter zufügen und zum Kochen bringen, dann den *Pistou* dazu geben.

Dieses Gericht kann man mit *gnocchis* (Klößchen) anbieten.

Für 4 Personen.

GEBRATENE PALANGRE MIT KARTOFFELPÜREE (PALANGRE RÔTIE AUX POMMES DE TERRE ÉCRASÉES)

Die *Palangre* ist ein weißer Fisch mit feinem Fleisch, den man mitsamt der knusprigen Haut essen sollte. Aber auch kalt mit *Aioli* (Olivenöl mit zerstoßenem Knoblauch) schmeckt er vorzüglich.

Zubereitungszeit : 1 Stunde
Garzeit : 40 Minuten

- *2 Stück Palangre von 800 g in Filets*
- *500 g neue Kartoffeln*
- *6 Knoblauchzehen*
- *2 Rosmarinzweige*
- *20 schwarze Nizza-Oliven*
- *150 g Butter*
- *20 cl Kalbsjus*
- *Olivenöl extra vergine*

Die ganzen Kartoffeln etwa 10 Minuten im Dampf kochen und zwischendurch mit der Gabel prüfen. Abkühlen lassen und abpellen. Mit der Gabel zerdrücken und beiseite stellen.

Den Knoblauch schälen und zweimal blanchieren. Klein schneiden und in einem kleinen Topf mit 50 g Butter und dem Rosmarin anrichten.

In einer Sauteuse den Kalbsjus leicht reduzieren, die entkernten und in dünne Scheiben geschnittenen Oliven zufügen. Pfeffern. 50 g Butter dazu geben.

Die Filets (*vom palangre*) braten.

Die zerdrückten Kartoffeln in der Mikrowelle 3 Minuten erhitzen.

Olivenöl, Salz und Pfeffer zufügen und in kleine Auflaufformen verteilen, um dem Püree eine Form zu geben. Aus der Form nehmen und auf die Teller stürzen, den Fisch darauflegen. 3 Eßlöffel Bratensaft darübergießen. Die Mischung aus Butter, Knoblauch und Rosmarin zufügen.

Mit einem Rosmarinzweig garnieren.

Für 4 Personen.

RISOTTO MIT GAMBAS UND VIOLETTEN ARTISCHOKEN (RISOTTO DE GAMBAS AUX ARTICHAUTS VIOLETS)

Dieses Rezept vermischt auf harmonische Weise die Gambas mit dem Geschmack des Mittelmeeres und mit dem knuspriger Artischocken.

Zubereitungszeit : 30 Minuten
Garzeit : 1 Stunde

- *16 rohe Gambas*
- *1 Bündel Artischocken*
- *50 g Butter*
- *30 g Parmesan*
- *Olivenöl*
- *200 g italienischer Risotto*
- *40 g Butter*
- *1/2 Zwiebel*
- *20 cl Weißwein*
- *45 cl Geflügelfond*
- *Salz*
- *Pfeffer*

Risotto zubereiten: Die Zwiebel kleinschneiden und in Butter anbraten. Erst Reis, dann Weißwein und Hühnerfond dazu geben. Langsam garen, bis die Flüssigkeit verdampft und der Reis zu drei Viertel gekocht ist, dann vom Feuer nehmen und abkühlen lassen. Inzwischen die Artischocken in Salzwasser 15 bis 20 Minuten kochen (die Blätter müssen sich leicht abziehen lassen).

Kleinschneiden und schnell in Olivenöl anbraten. Salzen und pfeffern.

Die Gambas auspulen und in der Pfanne anbraten.

Den Risotto wieder erwärmen, etwas Flüssigkeit (Geflügelfond), Butter und Parmesan zufügen. Die Hälfte der Gambas zerschneiden und dem Risotto beimischen.

Auf jeden Teller etwas Risotto in der Mitte anrichten und vier ganze Gambas darauf legen. Mit den Artischocken garnieren. Einen Strahl Olivenöl darüber gießen.

Für 4 Personen.

GEBRATENE LANGUSTEN MIT MELONE (LANGOUSTES RÔTIES AU MELON DE CAVAILLON)

Die Melonen aus Cavaillon, allein oder mit Beilagen, sind ein wahres Geschenk. Mit dem Roséwein aus der Provence sind sie eine Entdeckung.

Zubereitungszeit : 1 Stunde – Garzeit : 10 Minuten

- *4 Langusten von 300 bis 400 g*
- *1/2 Cavallion-Melone*
- *1 Knoblauchzehe*
- *2 Schalotten*
- *1/2 Karotte*
- *1/3 Fenchelknolle*
- *1 Tomate*
- *1 Weißes vom Lauch*
- *20 cl Rotwein aus der Provence*
- *10 cl Geflügelfond*
- *50 g Butter*
- *Olivenöl*
- *Salz*
- *Pfeffer*
- *schwarzer zerstoßener Pfeffer*

Die ganzen Langusten in der Pfanne in sehr heißem Öl 10 Minuten braten und von Zeit zu Zeit drehen. Auspulen, den Schwanz, den Kopfschild und die Beine für die Dekoration aufbewahren. Auch den Corail aufheben.

Die Langustenschalen zerstoßen und einen Fond zubereiten: Den Knoblauch, die Schalotten, die Karotte und den Fenchel zusammen pürieren. Die Tomate in Würfel und den Lauch klein schneiden. In Olivenöl die zerstoßenen Schalen anbraten und das pürierte Gemüse zugeben, bis es leichte Farbe annimmt. Die Tomatenwürfel zufügen, dann mit dem Rosé und dem Geflügelfond ablöschen. Erhitzen, bis die Flüssigkeit um die Hälfte reduziert ist.

Die Mischung in den Mixer geben, um alle Säfte zu extrahieren, dann durch ein Sieb streichen und aufbewahren.

Den klein geschnittenen Lauch in Butter braten. Er muß bißfest bleiben.

Mit einem Kugelausstecher die Melone zu kleinen Kugeln formen.

In einem Topf erhitzen. Etwas schwarzen Pfeffer zufügen.

Die Langustenschwänze in Medaillons schneiden und für 2 bis 3 Minuten unter den Grill schieben. Dabei aufpassen, daß sie nicht austrocknen.

Den Lauch in der Tellermitte anrichten und mit den Medaillons umgeben. Mit den Füßen und Köpfen der Langusten garnieren. 8 Melonenkugeln dazulegen. Den Schmorsaft erwärmen, etwas Butter und den Corail zufügen, nachwürzen und über jeden Teller gießen.

Für 4 Personen.

GASPACHO MIT GAMBAS IN BAYALDI ODER TIAN (GASPACHO DE GAMBAS EN BAYALDI OU TIAN)

Dieses Rezept ist eine Zusammensetzung mehrerer Gerichte, die man alle auch einzeln servieren kann.

Einlegen : 3 Stunden – Zubereitungszeit : 1 Stunde
Garzeit : 1 Stunde 10 Minuten

- *1 Gurke*
- *3 Tomaten*
- *1 Zwiebel*
- *1 Knoblauchzehe*
- *1/2 Paprikaschote*
- *3 Eßlöffel Olivenöl*
- *Saft einer Zitrone*
- *8 Basilikumblätter*
- *1 Eßlöffel Pistou*
- *8 schöne Gambasschwänze*
- *Basilikumblätter*
- *Salz, Pfeffer aus der Mühle*

Bayaldi oder Tian (Gemüseauflauf) :

- *2 Zucchini*
- *2 Auberginen*
- *2 Zwiebeln*
- *2 Tomaten*
- *Olivenöl*
- *Salz, Pfeffer*

Zucchini, Knoblauch und Zwiebel schälen. Die Paprikaschote putzen und die Scheidewände entfernen. Die Stielansätze der Tomaten entfernen, die Tomaten durchschneiden, um den Saft und die Kerne herauszuholen .

Alles pürieren. 3 Eßlöffel Olivenöl, Salz, Pfeffer und *Pistou* zufügen. In eine Schale geben und kaltstellen.

Bayaldi herstellen: Das Gemüse waschen und in Scheiben schneiden. Abwechselnd die Gemüsescheiben dicht beieinander und aufrecht in eine feuerfeste Schüssel stellen, dabei gut zusammendrücken. Salzen, pfeffern und einen Strahl Olivenöl darübergießen. Eine Stunde im Ofen, Thermostat 6 (180°C), garen.

Die Gambasschwänze in der Pfanne braten. Auspulen und der Länge nach durchschneiden.

In tiefen Tellern anrichten. Aus *Bayaldi* eine Haube machen. Drumherum die Gambasschwänze legen. Gaspacho darübergießen. Kalt servieren. Mit Basilikumblättern ausschmücken.

Für 4 Personen.

JAKOBSMUSCHELN IN SENFSAUCE MIT KERBEL (NOIX DE SAINT-JACQUES EN MOUSSELINE DE MOUTARDE AU CERFEUIL)

Was gibt es Besseres als Jakobsmuscheln, roh oder gekocht! Heben Sie die Schalen auf, sie lassen sich zum Füllen wiederverwenden.

Zubereitungszeit : 1 Stunde
Garzeit : 1 Stunde

- *20 schöne Jakobsmuscheln*
- *das Weiße von 2 Stangen Lauch*
- *20 cl Weißwein*
- *30 g Butter*
- *30 cl Geflügelfond*
- *30 cl Sahne*
- *1 Eigelb*
- *1 Eßlöffel Dijon-Senf*
- *1 Bund Kerbel*
- *1 Zitrone*
- *10 cl Olivenöl*
- *Salz, Pfeffer*

Die Jakobsmuscheln öffnen, die Barteln entfernen und unter fließendem Wasser waschen.

Das Muskelfleisch (Nuß) auf ein Tuch legen, damit es gut trocknet. Aus Barteln, Weißwein, 20 cl Wasser und 1/2 Weiß vom Lauch einen Fond zubereiten: alles eine halbe Stunde kochen und dann durch ein Sieb geben.

Dem Fond den Senf und die Hälfte der Sahne zufügen. Einige Minuten bei schwacher Hitze kochen.

Den restlichen Lauch waschen, klein schneiden und in etwas Butter anbraten. Salzen und pfeffern.

Die Jakobsmuscheln in der Pfanne 2 Minuten von beiden Seiten braten und pfeffern.

Im letzten Moment vor dem Servieren die Sauce leicht erwärmen (nicht aufkochen lassen) und ihr den Saft von einer halben Zitrone, Salz, Pfeffer, Kerbel und die geschlagene Sahne, der man zuvor ein Eigelb eingerührt hat, zufügen.

Den Lauch in der Tellermitte anrichten und die Jakobsmuscheln darauf legen.

Die Sauce um Muscheln und Lauch gießen und einige Minuten im Ofen gratinieren (überbacken).

Für 4 Personen.

LAMMFILET MIT PISTOU (SURPRISE DE FILET D'AGNEAU AU PISTOU)

Wählen Sie ein junges Lamm mit zartem Fleisch und braten Sie es rosa. Sie können auch eingemachtes oder gegrilltes Gemüse dazu reichen.

Zubereitungszeit : 1 Stunde 15 Minuten – Garzeit : 25 minuten

- *600 g Lammfilet*
- *4 Kartoffeln*
- *1 rote Paprikaschote*
- *1 gelbe Paprikaschote*
- *1 Zwiebel*
- *2 Knoblauchzehen*
- *2 Tomaten*
- *4 Teelöffel Pistou*
- *entkernte schwarze Oliven*
- *1 Glas Lammfond*
- *4 Fillo -Bätter (hauchdünner Strudelteig, Fertigprodukt)*
- *frischer Thymian*
- *Basilikum*
- *Kerbel*
- *20 cl Olivenöl*
- *20 g Butter*
- *Salz, Pfeffer*

Die Paprikaschoten mit dem Sparschäler schälen und in dünne Streifen schneiden. Den Stielansatz der Tomaten entfernen, Kerne ausdrücken und kleinschneiden. 2 Knoblauchzehen und die Zwiebel pellen. In Öl Paprikaschoten, klein geschnittene Zwiebel und gehackten Knoblauch anbraten. Am Ende der Garzeit die Tomaten zufügen. Salzen, pfeffern und beiseitestellen.

Aus den *Fillo*-Blättern vier Füllhörner formen: um kleine runde Backformen wickeln, mit Butter bestreichen und für einige Minuten im Ofen, Thermostat 6 (180°C), backen, bis sie etwas Farbe angenommen haben. Aus der Form lösen und beiseitestellen.

Die Kartoffeln, in Aluminiumpapier gewickelt, im Ofen, Thermostat 6 (180°C), 15 Minuten backen. Aufbewahren. Lammfilets 6 Minuten (halb gar) in einer Pfanne braten. Mit Lammfond ablöschen, salzen und pfeffern.

Die Enden der Kartoffeln abschneiden und das Innere entfernen, um einen Zylinder zu bekommen. Die Pulpe aufbewahren und mit den Oliven vermischen. Salzen, pfeffern, etwas Olivenöl zufügen und die Kartoffeln damit garnieren.

Die Lammfilets aufschneiden und im Halbkreis auf jedem Teller anrichten. Für einige Augenblicke unter den Grill geben. Kurz vor dem Servieren die *Fillo*-Blätter mit dem Gemüse füllen. Die Kartoffeln dazustellen und mit frischen Kräutern, Bratensaft und *Pistou* anrichten.

Für 4 Personen.

LAMMKEULE SISTERON MIT KRÄUTERKRUSTE (GIGOT D'AGNEAU DE SISTERON EN CROUTE D'HERBES)

Dieses klassische Rezept erhält durch die Kräuterkruste, die man auch für Fisch anwenden kann, einen besonderen Geschmack.

Zubereitungszeit : 45 Minuten
Garzeit : 45 Minuten bis 1 Stunde

- *1 Lammkeule, entbeint und mit einem Faden in Form gebracht*
- *20 cl Hühnerbouillon*
- *1 Rosmarinzweig*
- *Salz*
- *Pfeffer*

Für die Kräuterkruste :

- *1 Bund glatte Petersilie*
- *1 Bund Schnittlauch*
- *2 Schalotten*
- *1 Knoblauchzehe*
- *1 Eßlöffel zerriebener Thymian und Rosmarien*
- *200 g Austernpilze*
- *3 Löffel geriebener Parmesan*
- *2 Eßlöffel Olivenöl*
- *100 g Butter*
- *Salz, Pfeffer*
- *1 Ei*

Die Pilze putzen und im Mixer kleinhacken ebenso Schalotten und Knoblauch .

In einem Topf 1 Löffel Butter zerlassen, die gehackten Schalotten und Knoblauch dazutun, ohne sie Farbe annehmen zu lassen. Dann die Pilze zufügen, salzen, pfeffern und bis zum vollständigen Verdampfen der Flüssigkeit schmoren. Aufbewahren.

Alle Kräuter zu den abgekühlten Pilzen zusammen mit Parmesan, Ei und Olivenöl geben und mischen, um eine streichfähige Masse zu bekommen.

Die Lammkeule im Ofen, Thermostat 7 (210°C), 15 Minuten pro Pfund braten. Nach 3/4 der Garzeit auf der Oberseite der Keule die Kräuterkruste auftragen und weitere 15 Minuten braten.

Die Lammkeule einige Minuten vor dem Servieren ruhen lassen, dann in Scheiben aufschneiden.

Mit Strohkartoffeln und eingelegtem Knoblauch servieren.

Für 6 bis 8 Personen.

FRIKASSEE VON LAMMZUNGE UND LAMMILCH IN PROVENCALISCHEM SALAT (FRICASSÉE DE LANGUE ET RIS D'AGNEAU EN SALADE PROVENÇALE)

Dieses Frühlingsrezept gibt einen exzellenten Vorgeschmack auf Ostern, wenn Lammfleisch auf allen Speiseplänen steht.

Zubereitungszeit : 1 Stunde – Garzeit : 1 Stunde 40 Minuten

- *8 Lammzungen*
- *8 Lammilch (Bries)*
- *4 Karotten*
- *2 Zwiebeln*
- *1 Lauchstange*
- *2 Bouquets garnis*
- *1 Frisée -Salat*
- *20 cl Haselnußöl*
- *10 cl Weinessig*
- *10 cl Balsamessig*
- *2 hart gekochte Eier*
- *2 eingekerbte Schalotten*
- *1 Bund gehackte Petersilie*
- *20 Pilze in Öl*
- *Salz*
- *Pfeffer aus der Mühle*

Die Innereien im klaren Wasser reinigen.

Getrennt blanchieren, abspülen und dann in *Court-Bouillon* mit dem Geflügelfond, den Karotten, den klein geschnittenen Zwiebeln, dem Lauch und den *Bouquets garnis* garen, Zungen und Lammilch nicht zusammen garen.

Die Lammilch langsam 20 Minuten garen. Die Zungen brauchen 1 Stunde Garzeit. Während die Zungen noch kochen, den Salat putzen. Eine Salatsauce mit Nußöl anrichten. Salzen und pfeffern. Die Petersilie hacken und die Schalotten schneiden. Die Eier hart kochen und hacken.

Wenn die Zungen weich sind, vom Feuer nehmen und abkühlen lassen. Die Haut abziehen und das Fleisch der Länge nach in dünne Scheiben schneiden.

Kurz vor dem Servieren die Vinaigrette erwärmen und die Zungen, die Lammilch, die Schalotten, die Petersilie, gekochtes Ei und die Pilze zugeben. Pfeffern.

Auf jedem Teller das Fleisch auf einem Salatberg anrichten. Mit der lauwarmen Vinaigrette benetzen und eine Spur Balsamessig darüber geben.

Für 4 Personen.

GEFÜLLTER KANINCHENRÜCKEN (RABLE DE LAPEREAU FARCI)

Dieses Minigericht par excellence kann man warm oder kalt genießen, mit Blattsalat oder einer Konfitüre aus Zitronen und Oliven.

Im voraus : 24 Stunden – Zubereitungszeit : 1 Stunde 30 Minuten
Garzeit : 1 Stunde 20 Minuten

- *1 Kaninchen von1,5 kg*
- *1 Schweinenetz*
- *1 Ei*
- *3 Schalotten*
- *10 Basilikumblätter*
- *frischer Thymian, Rosmarinzweige*
- *20 cl Olivenöl*
- *1 Liter Geflügelfond*
- *30 g Butter*
- *Pistou*
- *Salz, Pfeffer*

Cour-bouillon

- *1 Karotte*
- *1 Zwiebel*
- *6 Knoblauchzehen*
- *1 Stengel Sellerie*
- *1 Bouquet garni*

Den vorderen und den hinteren Teil des Kaninchens abschneiden, es bleibt der vollständige Rücken übrig. Die Nieren, die Leber und die zwei kleinen inneren Filets aufbewahren. Den Rücken von innen von den Knochen lösen, ohne ein Loch zu stechen sowie die Vorder- und die Hinterläufe, die für die Füllung benötigt werden. Die Knochen für den Kochfond aufbewahren. Das Schweinenetz unter fließendem Wasser waschen. Die kleinen Filets beiseitelegen.

Für die Füllung das Fleisch von den Keulen und Vorderpfoten grob im Mixer zerkleinern und beiseitestellen. Die Schalotten schälen und ziselieren. 2 Knoblauchzehen schälen und hacken. Alles in Butter anbraten und zerriebenen Thymian und Rosmarin zufügen. Das zur Fleischfüllung geben, vermischen, salzen, pfeffern und das Ei einarbeiten.

Die Basilikumblätter blanchieren und um die beiden kleinen Filets wickeln.

Den Kaninchenrücken auf einem Tisch ausbreiten, salzen, pfeffern, ein Drittel der Füllung verteilen, die Nieren und die Leberstücke darauflegen. Mit Füllung abdecken und die Filets in Basilikumblättern darauflegen. Den Rücken zusammenfügen, in das Schweinenetz rollen und zubinden.

In der Pfanne anbraten, damit er Farbe annimmt, und beiseite stellen.

Den Bratenfond zubereiten: Die Knochen und alles kleingeschnittene Gemüse anbraten, bis sie Farbe annehmen, dann mit dem Geflügelfond ablöschen. Um die Hälfte reduzieren, die Zutaten herausnehmen und den Kaninchenrücken hineinlegen. 1/2 Stunde garen, dann abkühlen lassen. In Scheiben geschnitten und mit etwas Schmorflüssigkeit, der ein Löffel *Pistou* zugegeben wird, servieren.

Für 6 Personen.

FILETSPITZEN VOM KALB MIT GEMÜSETOPF (MIGNON DE VEAU POÊLÉ EN POTAGÈRE DE LÉGUMES)

Dieses Rezept ist in der Tat ein „Minuten-Eintopf“. Man kann das Kalbfleisch durch weißes Geflügel vom Bauernhof ersetzen. Das Gemüse kann man auch kalt mit Sardellen essen.

Zubereitungszeit : 40 Minuten
Garzeit : 35 Minuten

- *700 g Filetspitzen vom Kalb*
- *12 Mini-Karotten*
- *8 Mini-Rübchen*
- *8 Mini-Fenchel*
- *8 Frühlingszwiebeln oder Lauch*
- *8 Kirschtomaten*
- *4 gekochte Artischokenböden*
- *20 Zuckererbsen*
- *1/2 Liter Geflügelfond*
- *100 g Butter*
- *10 Basilikumblätter*
- *1 Bund Kerbel*
- *1 Bund Schnittlauch*
- *1 Estragonzweig*
- *Saft einer halben Zitrone*
- *Salz, Pfeffer*

Alles Gemüse putzen und 5 Minuten im Geflügelfond garen. Es muß bißfest bleiben.

Die Filetspitzen vom Kalb in der Pfanne mit etwas Butter 10 Minuten braten. Salzen und pfeffern.

In eine feuerfeste Schale legen und 5 Minuten im Ofen, Thermostat 5 (150°C), garen.

1/4 Liter Gemüsekochwasser reduzieren. Mit der Butter aufschlagen und nachwürzen.

Vor dem Servieren das Gemüse mit der Sauce, den gehackten Kräutern und dem Zitronensaft vermengen. Auf Tellern verteilen und die Filets darauflegen.

Für 4 Personen.

GESCHMORTES NACH NIZZA-ART (DAUBE À LA NIÇOISE)

Geschmortes mit Polenta oder frischen Nudeln mit Parmesan ist eine Delikatesse. Sie können Reste für die Füllung von Ravioli nutzen.

Im voraus : 24 Stunden – Zubereitungszeit : 30 Minuten
Garzeit : 3 Stunde 30 Minuten bis 4 Stunden 30 Minuten

- *800 g Rinderbacke (schon gesäubert)*
- *2 Zwiebeln*
- *4 Karotten*
- *4 Knoblauchzehen*
- *6 große Tomaten*
- *1 Stengel Sellerie*
- *1 Bouquet garni*
- *2 Glas Bordeaux-Rotwein*
- *1 Tresterlikör (Marc)*
- *20 cl Öl*
- *Nizza-Oliven*
- *Apfelsinenschalen*
- *geriebener Parmesan als Beilage*
- *Salz, Pfeffer*

Die Rinderbacke in Stücke von 3 bis 4 cm schneiden. In einer sehr heißen Pfanne mit etwas Öl anbraten.

In einer Daube, Schmortopf aus Stein, Ton oder Kupfer mit Deckel, die in Würfel geschnittenen Zwiebeln, in Scheiben geschnittenen Karotten, den ganzen Knoblauch, den geschnittenen Sellerie und das *Bouquet garni* bräunen. Die in Würfel geschnittenen Tomaten und dann die Fleischstücke zufügen. Wein, Tresterlikör und kochendes Wasser darübergießen, um die Fleischstücke ganz zu bedecken.

Zum Kochen bringen und 3 bis 4 Stunden köcheln.

Nach 3 Stunden die Oliven zufügen und abschmecken.

24 Stunden abkühlen lassen.

Am nächsten Tag die Fettschicht auf dem Gericht entfernen.

Das Geschmorte erwärmen und eventuell etwas frischen Thymian zufügen.

Mit frischen Nudeln oder *gnocchis* (Grießnocken) mit *Pistou* servieren.

Für 4 Personen.

EINTOPF MIT WINTERGEMÜSE (POT-AU-FEU AUX LÉGUMES D'HIVER)

Bei diesem Gericht können die Trüffeln durch die Flügel von Wachtel oder Taube ersetzt werden.

Zubereitungszeit : 1 Stunde

Garzeit : 30 Minuten

- *1 Zucchini*
- *1 Kartoffel*
- *2 runde Weiße Rüben*
- *20 kleine Zwiebeln*
- *12 Rosenkohlröschen*
- *1 sehr weiße Lauchstange*
- *1 Sellerieknolle*
- *2 Karotten*
- *1 Liter Geflügelfond*
- *10 cl Trüffelsaft*
- *20 g Trüffeln*
- *100 g Butter*
- *Salz*
- *Pfeffer*

Alles Gemüse schälen und putzen.

Die Sellerieknolle in dünne Scheiben schneiden. Die Karotten in Scheiben, die Rüben und Kartoffeln in Stäbchen schneiden.

Das Gemüse, das länger gegart werden muß (Karotten, Rübe), in Butter anbraten, ohne daß es Farbe annimmt. Den Geflügelfond darübergießen, salzen und pfeffern.

Das restliche Gemüse (Sellerie, Zwiebeln, Rosenkohl, in Ringe geschnittenen Lauch und in Würfel geschnittene Kartoffeln) zufügen.

Das Garen des Gemüses überwachen, weil es bißfest bleiben soll.

Mit einem Schaumlöffel das Gemüse herausnehmen und den Kochsaft durch ein Sieb laufen lassen. Um die Hälfte reduzieren (es müssen 4 Suppenkellen Bouillon übrig bleiben) und mit Butter aufschlagen.

Die Trüffeln in dünne Scheiben schneiden und zusammen mit dem Trüffelsaft zum Gemüse geben.

Das Gemüse in tiefen Tellern servieren und eine Suppenkelle Bouillon über jeden Teller gießen.

Für 4 Personen.

GEBRATENE TAUBE MIT FEIGEN (PIGEON DE TOSCANE RÔTI AUX FIGUES)

Dieses Rezept stammt aus dem italienischen Hinterland, wo man zwei typisch italienische Produkte gerne mischt: Parmaschinken und Spaghetti.

Zubereitungszeit : 1 Stunde
Garzeit : 1 Stunde

- *4 Tauben von je 400 g*
- *3 Schalotten*
- *2 Knoblauchzehen*
- *1/2 Bund glatte Petersilie*
- *200 g frische Spaghetti*
- *200 g Steinpilze*
- *4 frische Feigen*
- *2 dünne Scheiben Parmaschinken*
- *2 Eßlöffel Sherry-Essig*
- *10 cl Erdnußöl*
- *100 g Butter*
- *Salz, Pfeffer*

Füße, Schwingen und Hals der Tauben abschneiden. Die Tauben salzen, pfeffern und mit Faden oder Nadeln in Form bringen.

In einer Sauteuse 5 cl Olivenöl erhitzen. Die Tauben bräunen, dann die Innereien zufügen. 10 bis 15 Minuten im Ofen, Thermostat 6 (180°C), braten. Die Tauben beiseite stellen.

Den Bratensaft entfetten, die klein geschnittenen Knoblauchzehen und gehackten Schalotten zufügen. Mit 2 Glas Wasser ablöschen und die Flüssigkeit um die Hälfte reduzieren.

Während die Tauben garen, die Spaghetti kochen.

Die Steinpilze putzen, in Würfel schneiden und in einer sehr heißen Pfanne in etwas Öl braten. Die Schalotten und gehackte Petersilie dazu geben. Aufbewahren.

5 Minuten lang die frischen Feigen im Ofen garen, mit Sherry-Essig ablöschen.

Kurz vor dem Servieren die Steinpilze, Spaghetti und ein Stück Butter mischen. Salzen und pfeffern. Jeweils eine Taube mit Spaghetti und Steinpilzen, einer Feige und einer halben Scheibe Parmaschinken servieren.

Für 4 Personen.

COTES DE PROVENCE
1990
75 cl

SAVARIN MIT FRÜCHTEN DER SAISON (SAVARIN AUX FRUITS DE SAISON)

Der Savarin ist ein Hefenapfkuchen, der mit Sirup getränkt und hier mit einer Sauce aus frischen Passionsfrüchten und frischem Obst gefüllt wird. Sie können dieses Dessert auch im Winter mit Mangos und Ananas anbieten.

Ruhezeit : 1 Stunde – Zubereitungszeit : 40 Minuten
Garzeit : 40 Minuten

- *220 g Mehl*
- *12 g Zucker*
- *4 g Salz*
- *70 cl Milch*
- *2 Eier*
- *60 g Butter*
- *8 g Backhefe*

Sirup :

- *250 g Zucker*
- *1 Vanille-Stange*
- *50 cl Wasser*

Sauce :

- *10 cl Rum*
- *Saft von Passionsfrüchten*
- *Erdbeeren*
- *Himbeeren*
- *Melone*
- *Passionsfrüchte*
- *Schlagsahne*

Mehl aufschütten und mit in Milch aufgelöster Hefe vermischen. Mit den Händen kneten, bis ein weicher Teig entsteht. Salz und Zucker zufügen und etwa 10 Minuten weiter kneten. Weiche Butter dazu geben und weiter kneten, bis der Teig glatt und elastisch wird.

In eine Savarin-Form geben und an einem warmen Ort gehen lassen.

Im Ofen, Thermostat 7 (210°C), etwa 30 Minuten backen, bis der Kuchen schön trocken wird.

250 g Zucker mit 50 cl Wasser und einer Vanillestange zum Kochen bringen. Lauwarm werden lassen.

Nachdem der Savarin kalt geworden ist, mit dem lauwarmen Sirup tränken, abkühlen lassen und mit Rum beträufeln. Mit Schlagsahne und frischen Früchten garnieren und etwas Sauce auf den Tellerboden gießen.

Die Sauce aus den Passionsfrüchten getrennt dazureichen.

Für 6 Personen.

BIRNEN IN ROSÉWEIN AUS DER PROVENCE (NAGE DE POIRES AU ROSÉ DE PROVENCE)

Dieses Rezept kann im Sommer auch mit Pfirsichen, *Brugnoles* (Kreuzung zwischen Pfirsich und Pflaume) oder Aprikosen variiert werden.

Im voraus : 24 Stunden
Zubereitungszeit : 20 Minuten
Garzeit : 35 Minuten

- *4 Birnen*
- *1 Apfelsine*
- *1 Zitrone*
- *200 g Zucker*
- *1 Flasche Roséwein aus der Provence*
- *Vanilleeis (eventuell)*

Die Birnen schälen und der Länge nach in Viertel schneiden. Kerngehäuse entfernen.

Wein, Zucker und die Apfelsinen- und Zitronenschalen vermischen. Die Apfelsine und Zitrone auspressen, dazugeben und einige Minuten kochen.

Die Birnen hineingeben und 20 Minuten bei geringer Hitze garen, ohne aufkochen zu lassen. Mit einer Messerklinge prüfen. Die Birnen sollen auf der Zunge zergehen.

Abkühlen lassen.

Auf tiefen Tellern mit einigen Löffeln Birnensaft anrichten. Nach Belieben mit einer Kugel Vanilleeis servieren.

Für 4 Personen.

Marc

APFELTÖRTCHEN MIT ROSMARINHONIG (TATIN DE POMMES AU MIEL DE ROMARIN)

Die *Tatin*-Torte ist eine Perle der kulinarischen Kunst, besonders wenn sie mit Vanilleeis oder mit Doppelrahm (*crème double*) serviert wird. Ein Dank den Damen Tatin.

Zubereitungszeit : 15 Minuten
Garzeit : 40 Minuten

- *4 Äpfel (Golden Delicious)*
- *200 g Zucker*
- *150 g Butter*
- *100 g Honig*
- *1 Rosmarinzweig*
- *200 g Blätterteig (mit Butter)*
- *100 g Crème fraîche double (wenn man mag)*

Zucker und Honig karamelisieren. Die zuvor geschälten und der Länge nach in Viertel geschnittenen Äpfel dazugeben. Butter und Rosmarin einrühren.

Die Äpfel weichkochen, sie dürfen aber nicht zerfallen. Auf einem Sieb abtropfen lassen, um den Saft für die Sauce zu gewinnen.

Eine *Tatin*-Backform mit Backpapier oder Folie auslegen. Die Äpfel schön hineinlegen und mit dem Blätterteig abdecken. 15 Minuten im Ofen, Thermostat 6 (180°C), backen, dann aus der Form auf einen großen Teller stürzen.

Vor dem Servieren den Kuchen mit dem Kochsaft übergießen und nach Belieben auch dicke *Crème fraîche* dazu geben.

Für 4 Personen.

ORANGENBEIGNETS (BUGNES À L'ORANGE)

Diese Leckerbissen für die Karnevalszeit werden, je nach Region, auch „Fräulein" (*demoiselles*) oder „Nonnenfürzchen" (*pets-de-nonnes*) genannt.

Zubereitungszeit : 15 Minuten
Ruhezeit : 40 Minuten
Garzeit: 20 Minuten

- *250 g Mehl*
- *50 g Zucker*
- *1 Päckchen Hefe*
- *2 Eier*
- *120 g Butter*
- *1 Prise Salz*
- *1 sehr fein geschnittene Apfelsinenschale*
- *10 cl Milch*
- *Puderzucker*

Das Mehl auf eine Arbeitsplatte sieben, eine Vertiefung machen und die weiche Butter, die ganzen Eier, Salz und Hefe hineingeben und kneten. Die Milch und die Apfelsinenschale zufügen, um einen leichteren und weicheren Teig zu bekommen.

Den Teig 30 Minuten ruhen lassen.

Ausrollen und mit Hilfe eines Teigrädchens in Streifen schneiden. Noch 10 Minuten ruhen lassen.

Die Friteuse auf 150°C erhitzen und die „Bugnes" hineingeben. Goldbraun ausbacken.

Auf Küchenpapier abtropfen und mit dem Puderzucker bestäuben.

Für 4 Personen.

CARPACCIO AUS ZITRUSFRÜCHTEN MIT SAHNEJOGHURT UND BASILIKUM
(CARPACCIO D'AGRUMES, CRÈME DE YAOURT AU BASILIC)

Dieses Gericht ist eine gute Mischung von Apfelsinen und rosa Pampelmusen. Dieses Carpaccio kann man auch mit einer Zitrusfrüchtesuppe, abgeschmeckt mit Minze, anbieten.

Im voraus : 12 Stunden
Zubereitungszeit : 30 Minuten
Garzeit : 10 Minuten

- *6 Apfelsinen*
- *6 Pampelmusen*
- *150 g Zucker*
- *200 g frische flüssige Sahne*
- *3 Joghurt*
- *20 Basilikumblätter*
- *100 g Puderzucker*

Die flüssige Sahne mit dem Zucker steifschlagen, dann 3 Joghurt und die gehackten Basilikumblätter unterheben.

Diese Zubereitung in vier kleine Auflaufformen geben und für 12 Stunden in den Kühlschrank stellen.

5 Apfelsinen und 5 Pampelmusen schälen und in feine Scheiben schneiden. Den Fruchtsaft auffangen und die restlichen Früchte auspressen.

Einige Minuten lang den Fruchtsaft mit dem Zucker zu einem Sirup einkochen und erkalten lassen.

Die Apfelsinen- und Pampelmusenscheiben auf vier großen, flachen Tellern auslegen und mit der Sauce überziehen.

Die Sahnejoghurt aus der Form nehmen und in der Mitte der Teller anrichten.

Für 4 Personen.

SAHNEREIS MIT APFELSINEN- UND ZITRONENKONFITÜRE (CRÉME DE RIZ À LA CONFITURE D'ORANGES ET DE CITRONS)

Milchreis ist eine Köstlichkeit für unsere Kinder. Dieser hier ist etwas raffinierter und erfreut auch Erwachsene.

Im voraus : 12 Stunden – Zubereitungszeit : 30 Minuten – Garzeit : 3 Stunden

- *100 g Reis*
- *1/2 Liter Milch*
- *2 Eier*
- *20 cl Milch*
- *100 g Zucker*
- *2 Gelatineblätter*
- *100 g eingemachte Apfelsinenschalen confites*
- *200 g flüssige Sahne*
- *5 bittere Apfelsinen*
- *5 süße Apfelsinen*
- *3 Zitronen*
- *1 kg Zucker*
- ***Apfelsinen- und Zitronenkonfitüre***

Den Reis 2 bis 3 Minuten in sprudelndem Wasser kochen, dann abtropfen.

Milch zum Kochen bringen, den Reis hineingeben, Deckel auflegen, aber nicht schließen, und auf sehr schwacher Flamme 1 Stunde ausquellen lassen. Am Ende der Garzeit, wenn die ganze Milch absorbiert ist, 50 g Zucker zufügen. Umrühren und erkalten lassen.

Die Sahne steif schlagen.

Die englische Creme zubereiten: Eier und 50 g Zucker schaumig schlagen. Die Milch zum Kochen bringen. Kochend in die Eier-Zucker-Mischung einrühren. 2 Minuten erwärmen und ständig weiter rühren. Die Creme darf nie kochen! Aufschlagen.

Den Reis mit der kalten englischen Creme mischen. Die feingeschnittenen Apfelsinenschalen zufügen und danach die Schlagsahne unterheben. Diese Zubereitung in eine Form geben und bis zum nächsten Tag im Kühlschrank aufbewahren.

Für die Apfelsinenkonfitüre die in dünne Scheiben geschnittenen Früchte in 2 Liter Wasser über Nacht ausziehen lassen.

Am nächsten Morgen Wasser und Früchte in einen Topf gießen. 1 Stunde kochen, dann 1 kg Zucker zufügen und auf kleiner Flamme noch 45 Minuten kochen. Kaltwerden lassen.

Mit dem Sahnereis servieren.

Für 4 Personen.

BLÄTTERTEIG MIT BEEREN UND ZITRONENTHYMIAN (FEUILLETÉ DE FRUITS ROUGES AU THYM CITRON)

Die Beeren des Sommers mit Zucker, etwas knusprigem Gebäck und Zitronenthymian ergeben eine köstliche Nascherei. Zitronenthymian kann man auch für Sorbets verwenden.

Zubereitungszeit : 35 Minuten
Garzeit : 35 Minuten

- *1/2 Liter Milch*
- *1 Ei und 3 Eigelb*
- *125 g Zucker*
- *60 g Mehl*
- *25 g Butter*
- *1 Zweig Zitronenthymian*
- *1/2 Liter flüssige Sahne*
- *200 g Blätterteig (mit Butter)*
- *Früchte der Jahreszeiten*
- *Püree von roten Früchten (zur Wahl)*

Den Blätterteig in 4 Rechtecke, Dreiecke oder Quadrate schneiden. Im Ofen, Thermostat 6 (180°C), 20 Minuten backen. Kaltwerden lassen.

In einer Schüssel das ganze Ei und die 3 Eigelb mit dem Zucker mischen und schaumig schlagen.

Das Mehl zufügen.

Die Milch mit dem Zitronenthymian aufkochen und nach und nach mit den Eiern vermengen.

Alles in einen Topf geben und auf schwacher Flamme erhitzen.

In die Schüssel zurückgeben und den Zitronenthymianzweig herausnehmen. Die Butter zufügen.

Mit einer Folie abdecken und kaltstellen.

Die Sahne steifschlagen und vorsichtig unter die Konditorcreme ziehen.

Die erkalteten Blätterteigstücke durchschneiden und mit der Creme füllen.

Mit den Früchten der Jahreszeit dekorieren und eventuell noch pürierte Beeren dazu geben.

Für 4 Personen.

ARME RITTER MIT NOUGATEIS (PAIN PERDU BRIOCHÉ, GLACE AU NOUGAT)

„Arme Ritter", auch „Verlorenes Brot" genannt, tragen zum Sonntagsfrühstück und auch zur Freude der Kinder bei.

Zubereitungszeit : 30 Minuten
Garzeit : 15 Minuten

- *1 leicht süßliches Hefebrot (brioche)*
- *4 Eier*
- *1 Liter Milch*
- *200 g Zucker*
- *80 g Butter*
- *Nougateis*

Eier und Zucker schlagen. Die Milch zum Kochen bringen und mit der Eier-Zucker-Mischung vermengen. Kalt werden lassen.

Den Semmel (*brioche*) in 2 cm dicke Scheiben schneiden, die Rinden entfernen.

Die Scheiben in der Eiermilch einweichen, dann in der Pfanne mit Butter auf beiden Seiten goldbraun braten. Mit Zucker bestreuen und mit Nougateis servieren.

Es eignen sich auch Butterkaramel und in Scheibchen geschnittenes frisches Obst als Beilage.

Für 4 Personen.

NOUGATEIS MIT DÖRROBST DER PROVENCE (NOUGAT GLACÉ AUX FRUITS SECS DE PROVENCE)

Der Nougat, Reichtum von Montelimar, erobert die Welt. Als Eis ist er ideal für heiße Sommerabende.

Im voraus : 12 Stunden – Zubereitungszeit : 40 Minuten
Garzeit : 15 Minuten

- *4 Eiweiß*
- *250 g Zucker*
- *1/2 Liter flüssige Sahne*
- *60 g Datteln*
- *60 g Dörrpflaumen*
- *60 g Feigen*
- *60 g Rosinen*
- *60 g Apfelsinenschalen*
- *Obstpüree*

Sirup :

- *1 Liter Wasser*
- *300 g Zucker*
- *Orangenblütenwasser*

Den Sirup zubereiten, indem man 300 g Zucker mit 1 Liter Wasser und etwas Orangenblütenwasser zum Kochen bringt.

Die Früchte in kleine Stücke schneiden und in den heißen Sirup einlegen. Kalt werden lassen.

Die Sahne steifschlagen.

250 g Zucker mit 4 Eßlöffel Wasser auf leichter Flamme auflösen.

Inzwischen die Eiweiß zu steifem Schnee schlagen. Den aufgelösten Zucker zufügen und umrühren, bis die Mischung kalt wird.

Die Trockenfrüchte abtropfen, mit der Schlagsahne mischen und dann zur Eiweiß-Zucker-Mischung geben.

Mit Backpapier eine Terrine auskleiden. Die Zubereitung hineingeben und die Terrine mit Backpapier abdecken.

Für 12 Stunden in den Kühlschrank stellen.

Einige Minuten vor dem Servieren aus der Form nehmen. In dünne Scheiben schneiden und mit Obstpüree servieren.

Für 6 Personen.

MANGOLDKUCHEN (TOURTE DE BLETTES)

Dies ist ein unverwechselbares Rezept aus der Provence. Den Mangold kann man auch als Füllung für Ravioli nach Nizza-Art nehmen.

Zubereitungszeit : 1 Stunde
Garzeit : 35 Minuten

- *1 Bündel Mangold*
- *200 g Mürbeteig*
- *50 g geriebener Parmesan*
- *3 Eier*
- *6 Äpfel*
- *50 g Korinthen*
- *50 g Malaga-Rosinen*
- *100 g Pinienkerne*
- *5 cl Obstbrand*
- *150 g brauner Zucker*
- *20 cl Rum*
- *1 Eßlöffel Olivenöl*
- *englische Creme*

Zu dicke Mangoldblätter entfernen. Den Mangold gut putzen. Die Blätter aufrollen und in 5 cm lange Stücke schneiden.

In einer Schüssel Parmesan, braunen Zucker, Obstler, die zuvor in Rum eingelegten Rosinen, Öl, 2 ganze, geschlagene Eier und die Pinienkerne gut miteinander vermischen, dann die Mangoldblätter sowie die geschälten und in Würfel geschnittenen Äpfel zufügen.

Den Mürbeteig 2 bis 3 mm dick ausrollen und eine Tortenform damit auskleiden. Ein Ei mit 2 Eßlöffeln Wasser verrühren und mit einem Pinsel auf den Teigrand streichen.

Die Mangoldzubereitung auf dem Teig verteilen und mit einer Teigplatte abdecken. Die Ränder festdrücken. Mit dem Ei bepinseln und mit einem Messer ein Gittermuster einritzen. Im Ofen, Thermostat 7 (210°C), 35 Minuten backen.

Mit englischer Creme servieren.

Für 4 Personen.

MASCARPONE-CREME MIT KAFFEESCHAUM (DÔME MASCARPONE AU SABAYON À LA CHICORÉE)

Kaffee hebt die Freude und Laune vieler Meschen. Für dieses Dessert haben wir Zichorie gewählt, die den Geschmack von Kaffee hat, aber kein Koffein enthält.

Im voraus : 12 Stunden
Zubereitungszeit : 30 Minuten
Garzeit : 5 Minuten

- *250 g Doppelrahmfrischkäse (Mascarpone)*
- *125 g Zucker*
- *150 g flüssige Sahne*
- *80 g Eiweiß*
- *3 Eigelb*

Sabayone (Schaumcreme) :

- *150 g Eigelb*
- *100 g Zucker*
- *1 Teelöffel flüssige Zichorie*

Die Sahne steif schlagen.

Den *Mascarpone* mit 3 Eigelb mischen und die Schlagsahne unterziehen.

Die Eiweiß mit 125 g Zucker zu steifem Schnee schlagen und der vorigen Mischung unterheben. In eine Form geben und für 12 Stunden in den Kühlschrank stellen.

Für die *Sabayone* den Zucker mit 20g Wasser aufkochen. Über die Eigelb gießen und bis zur vollständigen Abkühlung mit dem Rührbesen schlagen. Die Mischung muss cremig sein.

Die flüssige Zichorie zugeben, beiseite stellen.

Die *Mascarpone*-Creme aus der Form nehmen, in Portionen teilen und mit jeweils 3 Eßlöffeln Kaffeeschaum überziehen.

Für 6 Personen.

KUCHEN MIT ANISSCHOKOLADE (TARTE AU CHOCOLAT ANISÉ)

Schokolade, dieses Produkt mit den verschiedensten Geschmacksrichtungen aus der Kakaobohne, ist eine wahre Freude für Feinschmecker. Kakao empfiehlt sich bei Diäten auch für die Mus-Herstellung auf der Basis von Eiweiß.

Im voraus : 4 Stunden
Zubereitungszeit : 30 Minuten
Garzeit : 30 Minuten

- *250 g Mehl*
- *125 g Puderzucker*
- *100 g Butter*
- *1 Ei*
- *1/2 Liter Milch*
- *7 Eigelb*
- *100 g Zucker*
- *350 g Kochschokolade*
- *3 Teelöffel gemahlener Anis*

Das Mehl sieben und mit weicher Butter vermengen. Zucker und Ei zufügen und zu einem Teig verarbeiten. Für 5 Minuten in den Kühlschrank stellen.

Ausrollen, mit Mehl bestäuben und in eine ausgebutterte Tortenform legen.

Mit der Gabel mehrmals einstechen und einige Minuten ruhen lassen.

Mit Alufolie abdecken und getrocknete Bohnen daraufgeben (für das Gewicht) und 10 Minuten im Ofen, Thermostat 5 (150°C), blind backen.

Eigelb und Zucker schlagen. Die Milch aufkochen, den Anis zufügen und ausziehen lassen. 1/3 der Milch über das Eigelb gießen, vermischen und wieder erwärmen, weiter rühren, bis eine leichte Schicht den Spatel überzieht.

Vom Feuer nehmen, klein geschnittene Schokoladenstücke hineingeben und unter ständigem Rühren auflösen. Über den Kuchen gießen. Kalt werden lassen.

Für 6 Personen.

Einleitung 6

Vorspeisen 8

Gebackene Langusten mit Wildsalat 8
Langusten mit Krebspüree 11
Krabbenpüree im Gurkenblütenmantel 12
Geeiste Blumenkohl-Creme und Hummertartar mit Sternanis 15
Knusprige Gambas mit Ingwer 16
Sardinenkrapfen 18
Zwiebelpizza mit Sardellen 19
Miesmuschelpfanne mit Pfifferlingsaft 20
Spindelnudeln in Frikassee aus Tintenfischen 22
Terrine mit Seebarben an *Pistou* und *Tapenade* 24
Marinierte Seebarben und Miesmuscheln 27
Kartoffeln mit Morcheln 28
Gefülltes Gemüse auf Nizza-Art 30
Fondue nicoise mit Gemüse der Jahreszeit 31
Farfalle mit Pistou und Ziegenkäse 32
Stopfleber mit Cognac 34
Carpaccio mit Thunfisch, Frühlingszwiebeln und Kokosnuß 35

Fische 36

Kabeljau mit Tomaten-Basilikum-Konfitüre 37
Filet von Petermännchen mit gegrillten Kartof feln, Thymian und Vinaigrette mit Trüffeln 38
Streifen von Drachenkopf mit Fenchelbutter 40
Gegrillte Goldbrasse mit Fenchel 43
Gebratenes Seewolffilet nach Bordeaux-Art und mit Steinpilzen gefüllten Kartoffeln 44
Seebarbenfilets mit Tapenade-Croutons 46
Gebratene Lottemedaillons mit frischen Nudeln und Zitronenkonfitüre 49
Barschfilet mit Parmesankruste 51
Gebratene *Palangre* mit Kartoffelpüree 52
Risotto mit Gambas und violetten Artischocken 54
Gebratene Langusten mit Melone 56
Gaspacho mit Gambas in *bayaldi* oder *tian* 57
Jakobsmuscheln in Senfsauce mit Kerbel 58

Fleisch 60

Lammfilet mit *Pistou* 61
Lammkeule von Sisteron mit Kräuterkruste 62
Frikassee von Lammzunge und Lammilch in provencalischem Salat 63
Gefüllter Kaninchenrücken 64
Filetspitzen vom Kalb mit Gemüsetopf 67
Geschmortes nach Nizza-Art 68
Eintopf mit Wintergemüse 69
Gebratene Taube mit Feigen 70

Desserts 72

Savarin mit Früchten der Saison 73
Birnen in Roséwein aus der Provence 74
Apfeltörtchen mit Rosmarinhonig 76
Orangenbeignets 79
Carpaccio aus Zitrusfrüchten mit Sahnejogurt und Basilikum 81
Sahnereis mit Apfelsinen- und Zitronenkonfitüre 82
Blätterteig mit Beeren und Zitronenthymian 84
„Arme Ritter“ mit Nougateis 87
Nougateis mit Dörrobst der Provence 88
Mangoldkuchen 91
Mascarpone-Creme mit Kaffeeschaum 92
Kuchen mit Anisschokolade 94